CONFÉRENCES
DU PAVILLON DE HANOVRE
LE CHARME
DE
Versailles
PAR
ANDRÉ HALLAYS
ÉTÉ D'ÉDITION ARTISTIQUE
PAVILLON DE HANOVRE
UE LOUIS-LE-GRAND, 32 & 34, PARIS

LE

CHARME DE VERSAILLES

PARIS

IMPRIMERIE DE D. DUMOULIN

5, rue des Grands-Augustins, 5

CONFÉRENCES DU PAVILLON DE HANOVRE

LE CHARME
DE VERSAILLES

PAR

ANDRÉ HALLAYS

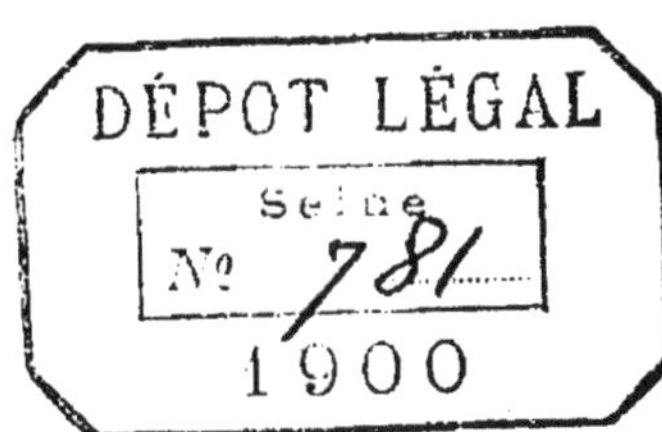

PARIS
SOCIÉTÉ D'ÉDITION ARTISTIQUE
PAVILLON DE HANOVRE
32-34, RUE LOUIS-LE-GRAND, 32-34

LE
CHARME DE VERSAILLES

Mesdames, Messieurs,

Je ne vous décrirai point le château et les jardins de Versailles. Vous les connaissez aussi bien que moi. D'ailleurs, tout à l'heure, lorsque j'aurai fini, on vous montrera la lanterne magique. Vous reverrez quelques-uns des aspects de Versailles, quelques-unes des œuvres d'art qui décorent les appartements et le parc. Je les ai choisies parmi les plus caractéristiques pour vous donner l'illusion — la très lointaine illusion — de vous promener une fois de plus à travers les galeries, les bosquets et les parterres.

Je ne veux point davantage vous conter toute l'histoire du château. Ce n'est pas en quelques minutes que je pourrais rappeler toutes les métamorphoses que la résidence royale a subies depuis le règne de Louis XIII, toutes les merveilles d'art qui l'ont successivement ornée et qui ont été tour à tour détruites et restituées, selon les caprices du goût. Et je pourrais encore moins, dans ce peu de temps, évoquer toutes les scènes magnifiques, galantes ou tragiques qui, durant plus d'un siècle, se sont déroulées dans ce prodigieux décor. Car de 1660 à 1789, c'est pour Versailles qu'ont été exécutés les plus grands chefs-d'œuvre de l'art français, et c'est à Versailles que se sont décidées les destinées de la France. Un historien admirablement renseigné, qui est en même temps un artiste du goût le plus sûr et le plus délicat, M. de Nolhac, conservateur du musée de Versailles, nous a déjà donné de très fidèles tableaux de la cour de France, sous Louis XV et sous Louis XVI. Maintenant il nous donne l'histoire du château même. Je vous renvoie à ses livres.

Mon dessein est plus modeste. J'aime Versailles ; je l'aime, parce qu'au cours de longues promenades, j'y ai subi la suprême séduction des grands souvenirs historiques évoqués parmi les chefs-d'œuvre du génie, parce que j'y ai senti la précieuse mélancolie des splendeurs à demi éteintes et des beautés à demi fanées, parce que moi, bourgeois d'une démocratie tumultueuse, j'y ai respiré le parfum puissant et salubre des âges d'ordre et de discipline, parce que moi, Français d'une France amoindrie, j'y ai éprouvé, comme nulle part ailleurs, l'orgueil de notre passé, de notre prodigieux passé. C'est ce charme très complexe que je voudrais ici exprimer de mon mieux. S'il est parmi vous quelqu'un qui, jusqu'à ce jour, soit demeuré insensible au merveilleux enchantement, je souhaiterais qu'il retournât à Versailles, qu'il en goutât la belle solitude et le noble silence, et qu'il entendît enfin l'émouvante leçon d'art et d'histoire que répètent les vieilles pierres du vieux château et les vieilles charmilles du vieux parc.

*
* *

Ne cherchez à Versailles rien qui rappelle l'art ou l'histoire de la première moitié du dix-septième siècle.

Louis XIII y avait construit un rendez-vous de chasse, un petit « château de cartes », dit Saint-Simon. De ce pavillon primitif que Louis XIV tint à englober dans ses nouvelles constructions, rien ne subsiste.

Suivant une légende, certain escalier en vis qui débouche près de l'Œil-de-Bœuf aurait servi à Richelieu pour communiquer avec le roi, pendant la journée du 11 novembre 1630, dite *Journée des Dupes*. Malheureusement, cet escalier n'a été construit que beaucoup plus tard. Il ne figure pas encore sur un plan de 1667.

C'est donc avec Louis XIV que commence en réalité l'histoire du château de Versailles.

En 1661, le surintendant Fouquet vient d'achever le château de Vaux-le-Vicomte, où il a dépensé seize millions. Il invite Louis XIV à venir contempler les magnificences de sa demeure. L'orgueil blessé du roi conspire avec les rancunes de Colbert : la perte du surintendant, qui, du reste, est bel et bien un

*

concussionnaire, est décidée. Presque en même temps Louis XIV conçoit le projet d'élever une résidence royale à Versailles, sur l'emplacement du petit château de Louis XIII. Ce sont les orangers et les arbustes de Vaux qui vont décorer les premiers jardins de Versailles. Ce sont les créateurs de Vaux, — Le Nôtre pour les jardins, Le Vau pour l'architecture, Franchine pour les eaux et les cascades, Lebrun pour la décoration, — qui vont devenir les créateurs de Versailles. Fouquet semblait avoir choisi et désigné lui-même les artistes qui devaient travailler à la glorification de Louis XIV.

Par la magnificence de sa décoration et la symétrie de son dessin Versailles est l'image de la monarchie nouvelle. Il représente bien la France unifiée pour la première fois. Il est le clair et superbe symbole de l'œuvre entreprise par Richelieu et terminée par Louis XIV après les désordres de la Fronde, après la suprême équipée de la noblesse française, désormais vaincue, domestiquée.

Michelet a bien traduit la signification historique du plan de Versailles :

« Ces merveilleux entassements de verdures et cette hiérarchie de bronzes, de marbres, de jets et de cascades échelonnés sur la montagne royale, depuis les monstres et les tritons qui rugissent au bas le triomphe du grand roi, jusqu'aux belles statues antiques qui couronnent la plate-forme de la paisible image des dieux, il y a dans tout cela une image grandiose de la monarchie elle-même. Ces eaux qui montent avec tant de grâce et de majesté semblent exprimer la vaste circulation sociale qui eut lieu alors pour la première fois, la puissance et la richesse montant du peuple au roi, pour retomber du roi au peuple, en gloire, en bon ordre, en sécurité. La mère d'Apollon, la charmante Latone, en laquelle est l'unité du jardin, fait taire de quelques gouttes d'eau les insolentes clameurs du groupe qui l'assiège ; d'hommes, ils deviennent grenouilles coassantes ; n'est-ce pas la régente triomphant de la Fronde[1] ? »

*
* *

Regardons maintenant de plus près ; parcourons un peu à l'aventure le château et les jardins, nous allons y distinguer les époques du grand règne.

Dans la *cour de Marbre*, nous avons sous les yeux les fines et exquises façades du premier Versailles, du Versailles de Le Vau, du Versailles de la jeunesse de Louis XIV, de ce joli château de pierre et de brique qui conservait encore la grâce mesurée et l'élégance alerte des chefs-d'œuvre de la Renaissance française.

C'était un palais de fête et de plaisir, où le roi et la cour ne faisaient que de brefs séjours. C'est là que

1. Michelet, *Précis d'histoire moderne*, ch. XVIII.

furent données ces réjouissances dont les estampes de Lepautre et d'Israël Silvestre nous retracent les folles magnificences : comédies, collations, ballets, divertissements, musiques et feux d'artifice. Molière y représentait *l'Impromptu*, *Don Garcie, la Princesse d'Élide*, *George Dandin.* Sous les ordres de Lebrun, une armée de sculpteurs, Coyzevox, Girardon, Coustou, Marsy, Lehongre, Tubi, l'Espagnandel, Buyster, etc., peuplaient d'allégories et de divinités les avenues, les bosquets, les colonnades et les pièces d'eaux. Louis XIV lui-même dirigeait les constructions, vérifiait les détails, marquait tout de l'empreinte de son goût. On a donné mille exemples de cette intervention directe du roi dans les travaux de Versailles. Voici une lettre adressée à Colbert par un de ses agents, le sieur Petit, qui était chargé de lui rendre compte des visites et des observations de Louis XIV et publiée, pour la première fois, par M. de Nolhac :

« Versailles, 17 février 1663.

« Monseigneur,

« Aussitôt que le roi arriva hier à Versailles, il demanda à quoi on avait travaillé depuis le dernier jour que Sa Majesté y avait été, et si les ouvrages s'avançaient. Nous lui dismes que la gelée empêchait de travailler à finir les plâtres du dedans des corps de logis et pavillons, des cuisines et écuries.....

« Aussitôt que Sa Majesté eut dîné, il fut dans son

appartement haut, accompagné de la reine, Mme de Navailles, M. le duc d'Enghien, M. de Navailles, M. d'Armagnac, M. de Montaigu, M. de Beaumont et M. de Chamarande, où Sa Majesté demeura près de quatre heures. Il fit tapisser un des petits cabinets qui sont dans les angles en saillie au-dessus de la cour, et après fit poser et attacher autour dudit cabinet des tableaux et des tablettes, témoignant qu'il eût été bien aise que les peintres eussent achevé leur travail desdits cabinets, parce qu'ils avaient demandé encore trois jours pour finir. Mais Sa Majesté m'ayant demandé la diligence, je l'assurai que le lendemain toute l'ouvrage serait faite et que l'on pourrait meubler lesdits cabinets, ce que j'ai fait achever aujourd'hui. Sa Majesté paraît satisfaite du reste...

« M. Blouin m'a dit par deux fois que le roi voulait que l'on fît des portes de fer qui ouvrissent et fermassent à clef sur les balcons de fer qui sônt au pourtour du dehors du château, pour séparer chaque appartement... »

Et, jusqu'à sa mort, Louis XIV devait ainsi surveiller les travaux de Versailles, reviser les plans, inspirer les artistes. Versailles est bien son œuvre ; et c'est sa volonté, sa seule volonté, qui fait la formidable unité du monument.

De ce Versailles-là, — du Versailles de la paix d'Aix-la-Chapelle, — nous avons des peintures précieuses.

Mlle de Scudéri l'a décrit d'une façon charmante. Mais nous avons mieux, vous le savez : Jean de La Fontaine nous a conté, comme contait Jean de La Fontaine, la promenade qu'il fit à Versailles en compagnie de Racine, de Molière et de Boileau. Un jour que vous irez à Versailles, emportez l'histoire des *Amours de Psyché et de Cupidon*, et relisez-la sur un banc du parc... Vous vous rappelez le récit de La Fontaine, en prose et en vers mêlés.

Par une douce matinée d'automne de l'année 1668, La Fontaine invite ses amis à entendre la lecture de son roman de *Psyché*. Racine, qui aime extrêmement « les jardins, les fleurs et les ombrages », décide qu'on se rendra à Versailles et qu'on profitera de l'occasion pour voir les nouveaux embellissements des jardins et du château.

Aussitôt arrivés, les quatre poètes vont visiter la Ménagerie où ils se divertissent à contempler des pélicans, puis l'Orangerie. Tout en dînant, ils échangent quelques propos à la gloire du roi, ce qui n'est point surprenant ; car ces quatre grands poètes sont quatre grands courtisans.

Après le dîner, ils retournent au château, se font montrer les appartements du roi, s'ébahissent devant les chinoiseries qui les décorent et se rendent ensuite dans la grotte pour y laisser passer la chaleur du jour.

Cette grotte de Thétis passait alors pour une des plus fameuses merveilles de Versailles. C'était une immense salle en rocailles où, parmi les cascades et les jets d'eau, se dressaient l'Apollon entouré des nymphes de Girardon et les Chevaux du Soleil de Marsy et de Guérin. La grotte disparut lorsqu'on bâtit l'aile Nord du château; car Louis XIV n'eut jamais la vanité de rien bâtir de définitif. Quant au groupe d'Apollon, il a été promené dans diverses parties du parc, et il a fini, au temps de Louis XVI, par être placé — peut-être un peu gauchement — sous la grotte rustique du bosquet composé par Hubert-Robert et qu'on appelle *les Bains d'Apollon*.

La Fontaine, avec une conscience incroyable, en des vers précis, mais un peu secs, décrit toutes les beautés de la grotte de Thétis, les statues, les bas-reliefs, les mosaïques, l'orgue hydraulique et les jets d'eau perfides qui inondent les visiteurs. Les poètes demandent d'ailleurs qu'on leur épargne ce dernier divertissement et qu'on le réserve « pour le bourgeois ou pour l'Allemand ». Pour le bourgeois ! Étaient-ils déjà assez artistes, assez 1830, Jean de La Fontaine et ses compagnons !

Dans un coin de la grotte le poète lit à ses amis le premier livre de *Psyché*. A peine a-t-il fini qu'une discussion s'élève entre Molière et Boileau sur les mérites comparés de la comédie et de la tragédie. Mais Racine que les controverses littéraires ennuient (reconnaissez à ce trait l'âme judicieuse et charmante de Racine !) entraîne ses amis dans le jardin, et la promenade recommence. La Fontaine décrit, décrit toujours ; il décrit le bassin de Latone, les parterres, les ifs taillés, le bassin d'Apollon, le canal :

Jamais on n'a trouvé ces rives sans zéphyrs :
Flore s'y rafraîchit au vent de leurs soupirs.
Les nymphes d'alentour souvent dans les nuits sombres
S'y vont baigner en troupe à la faveur des ombres.
Les lieux que j'ai dépeints, le canal, le rond d'eau,
Parterre d'un dessin agréable et nouveau,
Amphithéâtres, jets, tous au palais répondent,
Sans que de tant d'objets les beautés se confondent.
Heureux ceux de qui l'art a ces traits inventés !

Et voici, enfin, des vers tout à fait dignes de La Fontaine :

On ne connaissait point autrefois ces beautés.
Tous parcs étaient vergers du temps de nos ancêtres ;
Tous vergers sont faits parcs ; le savoir de ces maîtres
Change en jardins royaux ceux des simples bourgeois
Comme en jardins des dieux il change ceux des rois.

On eût pu inscrire ces vers-là sous un portrait de Le Nôtre !

Puis, dans la galerie de verdure, où Molière a naguère représenté *George Dandin*, les amis s'assoient sur le gazon au bord d'un petit ruisseau, au pied des charmilles déjà éclaircies par l'automne, et ils écoutent le second livre de *Psyché*.

Naturellement, Boileau veut encore discuter et, cette fois encore, c'est Racine qui intervient en montrant d'un geste le coucher de soleil : « Ce que vous dites est fort vrai ; mais je vous prie de considérer ce gris de lin, ce couleur d'aurore, cet orangé et surtout ce pourpre qui environnent le roi des astres. »

« En effet, reprend La Fontaine, il y avait très longtemps que le soir ne s'était trouvé si beau. Le soleil avait pris son char le plus éclatant et ses habits les plus magnifiques... On laissa à Acanthe (Racine) le loisir de considérer les dernières beautés du jour ; puis, la lune étant dans son plein, nos voyageurs et le cocher qui les conduisaient la voulurent bien pour leur guide. »

Le tableau est délicieux; et comme on aime Racine d'avoir si bien goûté la magnificence des couchers de soleil de Versailles !

* * *

Après le Versailles de la paix d'Aix-la-Chapelle, le Versailles de la paix de Nimègue ; après le Versailles de La Vallière, le Versailles de la Montespan.

Le plan de Le Vau, continué par Dorbay, paraît maintenant trop chétif à l'ambition grandissante de Louis XIV. Les constructions primitives vont disparaître dans une « enveloppe » nouvelle. Et c'est Mansart qui achève Versailles.

Tout s'élargit, tout s'uniformise. On construit sur la façade, tournée vers le jardin, l'immense galerie des Glaces. On ajoute deux ailes à la construction centrale. On bâtit l'Orangerie et les escaliers gigantesques qui descendent à la pièce d'eau des Suisses. Le Nôtre perce de nouvelles allées dans le parc de chasse. En même temps, toutes les décorations intérieures du palais deviennent encore plus luxueuses et plus riches. L'or est partout répandu à profusion sur les plombs des pièces d'eau, sur les couvertures des bâtiments, sur les tentures des appartements, sur les voussures des plafonds, sur les meubles, sur les boiseries. En 1676, M. de Lenglé donne à Mme de Montespan une robe que Mme de Sévigné décrit ainsi : « Une robe d'or sur or, rebrodé d'or, et, par-dessus un or frisé, rebroché d'un or mêlé avec un certain or qui fait la plus divine étoffe qui ait jamais été imaginée ». Cette robe est bien dans le goût du Versailles d'alors.

C'est dans les années qui suivent la paix de Nimègue que sont poussés tous ces grands travaux. C'est l'apogée du règne. C'est l'apogée de Versailles. La cour s'installe définitivement au château en 1682.

Mme de Sévigné, pénétrant pour la première fois dans la galerie des Glaces, s'écrie : *Cette sorte de royale beauté est unique dans le monde.* Voilà définie, comme on ne pourra jamais la mieux définir, la splendeur du Versailles de Louis XIV. C'est la *royale beauté.* Façades, avenues, parterres, sculptures, peintures, tout a le même caractère d'unité, de calme, de majesté, de symétrie. Tout s'ordonne suivant un rythme lent et solennel, pareil à celui d'un menuet de Lulli. Tout est en équilibre, tout est en harmonie: les lignes et les couleurs. Tout s'accorde : les bronzes vert-de-grisés avec les marbres roses des margelles, les cascades avec les plombs des groupes, les sculptures blanches avec la verdure sombre des charmilles taillées. C'est que tout respire la même pensée, j'allais dire la même foi. Le palais est devenu presque un temple où se célèbre le culte du monarque, au milieu de l'unanime ferveur. Les millions sont dissipés; les épidémies déciment les équipes d'ouvriers : Bossuet lui-même s'incline et absout; après avoir décrit les richesses du palais de Salomon, il ajoute : « Dieu défendait l'ostentation que la vanité inspire et la folle enflure d'un cœur enivré de ses richesses ; mais il voulait cependant que la cour des rois fût éclatante et magnifique pour imprimer aux peuples un certain respect. »

*
* *

Il y eut enfin un troisième Versailles, celui de la vieillesse de Louis XIV, le Versailles de Mme de Maintenon, le Versailles des années tragiques. On poursuit les travaux commencés par Mansart. On bâtit la chapelle.

Mais voici, alors, une des plus singulières vicissitudes du goût français.

C'est à cette époque, une des plus sombres de

l'histoire de France, que naît et s'épanouit l'art le plus léger, le plus élégant, le plus joyeux. Ce qu'on a coutume d'appeler le style Louis XV est bel et bien venu au jour durant les vingt dernières années du règne de Louis XIV. C'est au milieu des tristesses et des désastres publics qu'ont été exécutées les galantes compositions des Gillot, des Watteau et des Lancret.

Dès la fin du dix-septième siècle, les décorations de Versailles portent la marque du goût nouveau. Les lignes deviennent sinueuses, les volutes s'entre-croisent. Partout apparaissent des coquilles et des rameaux. Des nichées d'amours s'accrochent à tous les plafonds.

En 1699, Louis XIV écrit de sa main sur un rapport de Mansart, à propos de la décoration des salles de la Ménagerie de Versailles :

« Il me paraît qu'il y a quelque chose à changer, que les sujets sont trop sérieux, et qu'il faut *qu'il y ait de la jeunesse mêlée dans ce que l'on fera.* »

Il y a de la « jeunesse » — une incroyable jeunesse — dans toutes les décorations du Versailles de la vieillesse de Louis XIV. Rien, dans le palais, n'évoque ces temps affreux de défaite, de famine et de détresse. Et ce fut alors que l'on orna le plafond de l'Œil-de-Bœuf de cette frise délicieuse, où l'on voit des enfants chasseurs, et que l'on construisit dans le parc le charmant *Bassin des Enfants.*

*
* *

Sous Louis XV, Versailles a subi de grands remaniements. A l'intérieur du palais, certaines salles inachevées sous Louis XIV sont reprises et décorées : tel le *Salon d'Hercule* qui, au dix-huitième siècle, servit aux bals de la cour, et dont les bronzes ciselés par Vassé sont d'impérissables chefs-d'œuvre, telle la *Chambre de la Reine* avec les superbes voussures de son plafond, les camaïeux de Boucher et les dessus de porte de Natoire. Des appartements nouveaux sont créés, comme les appartements intimes de Louis XV, ou ceux de Mme Adélaïde, pour l'aménagement desquels on a détruit l'escalier des Ambassadeurs, qui était une des merveilles du palais de Louis XIV. Elles sont exquises, les boiseries de Verbeckt qui décorent ces salons du temps de Louis XV ! Mais elles ne nous consolent pas de la disparition de l'escalier des Ambassadeurs.

Alors les cabinets se multiplient ; les grands appartements sont désertés ; tout est désormais trop large et trop vaste pour une monarchie amoindrie et un monarque excédé d'étiquette.

En revanche, les décorations nouvelles sont d'une grâce incomparable. Nulle part, mieux qu'à Versailles, on ne peut connaître l'art libre et délicat de ce temps-là dans toute sa pureté, sans les excès de ce fâcheux rococo dont l'Europe s'engoua, désireuse d'imiter Versailles, qu'elle connaissait mal.

Il est une partie du palais particulièrement propice

pour bien goûter le charme de l'art français du temps de Louis XV, c'est l'appartement du Dauphin.

Dans cette série de pièces, que l'on vient de restaurer, on a disposé les plus belles œuvres du dix-huitième siècle que possède le musée de Versailles. Bustes et portraits ont ici une grâce et une éloquence sans pareilles. Je vous défie de pénétrer dans le grand cabinet du Dauphin sans subir cette grâce, sans vous rendre à cette éloquence.

C'est un salon d'angle au rez-de-chaussée du palais. Par les portes-fenêtres le regard découvre tout le dessin du parterre d'eau ; et, du côté de la terrasse de l'Orangerie, on aperçoit les petits amours de bronze qui gambadent sur le dos des sphinx de marbre. Le balcon est formé d'une superbe grille dorée, un des rares ouvrages de ferronnerie qui subsistent à Versailles. Les murailles de la pièce sont couvertes de fines boiseries blanches et grises. A la corniche court une légère frise de guirlandes, d'amours et de coquilles. Entre les fenêtres, devant de grandes glaces, sur d'élégants piédestaux de marbre sont placés quatre bustes merveilleux de Fontenelle, de d'Alembert, de Voltaire de Diderot. Sur les murs, Mesdames, filles de Louis XV, étalent leurs larges robes à paniers, peintes par Nattier, qui fut leur peintre attitré.

C'est ici qu'on peut se représenter la cour mélancolique du roi Louis XV, lequel s'ennuya toute sa vie d'un royal ennui parmi les fantaisies de l'art le plus capricieux et le plus gai qui fût jamais. Et c'est encore ici qu'on peut le mieux savourer le prodigieux talent de Nattier.

Nul n'a rendu comme lui la fraîcheur des chairs et la légèreté ou la splendeur des étoffes. Et je crois qu'aucun portraitiste ne l'égalerait, si, au milieu de tant d'apparats superbes et d'afféteries exquises, nous pouvions deviner les âmes que toutes ces princesses avaient ou croyaient avoir. Avant d'aller voir les Nattier de Versailles, il faut relire les *Souvenirs* de Madame Campan, qui a bien connu les filles de Louis XV, et ensuite comparer ses portraits avec ceux de Nattier : on est frappé de la dissemblance. Le peintre a bien été forcé de prêter de la beauté aux laides, du charme aux disgracieuses, de la majesté aux petites filles et de la jeunesse à celles qui commençaient de vieillir. Il était peintre de cour.

« Tous les soirs, à six heures, raconte Mme Campan, Mesdames interrompaient la lecture que je leur faisais pour se rendre avec les princes chez Louis XV : cette visite s'appelait le *débotter du roi* et était accompagnée d'une certaine étiquette. *Les princesses passaient un énorme panier qui soutenait une jupe chamarrée d'or ou de broderie;* elles attachaient autour de leur taille une longue queue et cachaient le négligé du reste de leur habillement par un grand mantelet de taffetas noir qui les enveloppait jusque sous le menton. Les chevaliers d'honneur, les dames, les pages, les écuyers, les huissiers portant de grands flambeaux, les accompagnaient chez le roi. En un instant, tout le palais, habituellement solitaire, se trouvait en mouvement; le roi baisait chaque princesse au front, et la visite était si courte, que la lecture, interrompue par cette visite, recommençait souvent au bout d'un quart d'heure. Mesdames rentraient chez elles, dénouaient les cordons de leur jupe et de leur queue, reprenaient leur tapisserie, et moi, mon livre. »

Voilà ressuscitées les princesses de Nattier; ce sont les princesses au *débotter du roi*. Le peintre leur a enlevé leur mantelet de taffetas; il a supprimé le demi-négligé de leur habillement. Mais il leur a laissé les poses et les visages que commandait l'étiquette.

*
* *

Le Versailles de Marie-Antoinette est celui que la foule connaît le mieux.

Toutes les légendes, répandues, il y a un siècle, à propos de la malheureuse reine, ont gardé leur empire sur l'imagination populaire : légendes révolutionnaires qui firent du Petit-Trianon le « repaire des débauches de l'Autrichienne »; légendes royalistes, — celles-là étaient plus près de la vérité, — qui représentèrent Marie-Antoinette comme la pure et sainte martyre de la Révolution.

Les dimanches d'été, c'est au hameau de Trianon

que se porte la cohue des visiteurs ; et plus d'un étranger, pénétrant dans le château de Versailles, a passé sans se retourner devant les portes de la galerie des Glaces pour se faire ouvrir les petits appartements de Marie-Antoinette.

A la vérité, c'est peut-être la partie du palais où le parfum du passé s'est conservé le plus vif et le plus pénétrant. L'ombre même qui règne dans ces petites pièces basses et étroites, qui ne prennent jour que sur une cour intérieure, favorise la mélancolique évocation des choses d'autrefois.

Voici, en effet, le boudoir où la reine ne rêvait pas : elle n'était pas rêveuse. Voici la bibliothèque où elle ne lisait pas : elle n'était pas liseuse. « Hors quelques romans, dit Besenval, elle n'a jamais ouvert un livre. » Peut-être même n'a-t-elle jamais bien su quels livres étaient vraiment rangés sur les rayons de sa bibliothèque, et quels livres étaient peints en trompe-l'œil sur les portes. Voici, enfin, la pièce favorite de Marie-Antoinette, son « cabinet », le salon intime où elle donnait ses audiences. Les boiseries figurent des trépieds, des sphinx et des amours. C'est là que la reine recevait ses marchandes de modes et de frivolités. C'est là que Garat lui chantait les romances d'*Armide*. C'est là que Mme Vigée-Lebrun peignait ses portraits. C'est là que le duc de Coigny, le duc de Guines, le comte d'Adhémar, le baron de Besenval, M. de Vaudreuil, venaient lui apporter les nouvelles de la ville, et s'entretenir avec elle et ses femmes du théâtre et de la musique. C'est là qu'elle oubliait, capricieuse, inconstante, railleuse et charmante, les cruautés de l'étiquette et la médiocrité de ce gros serrurier endormi dont elle était l'épouse.

Une porte masquée permet de passer de la chambre de la reine dans ses petits appartements. Cette porte existe toujours au-dessous du portrait de Marie Leczinska par Nattier. Ce fut par là que le 6 octobre 1789, quand l'émeute envahit le château, Marie-Antoinette, réveillée en sursaut, s'enfuit pour gagner, par l'Œil-de-Bœuf, la chambre du roi; et voici, dans cette chambre, la fenêtre qui donne sur la cour de Marbre, et où la reine parut aux yeux de la multitude furieuse, faisant, par son simple courage, cesser les insultes de la canaille et s'abaisser les fusils qui déjà la tenaient en joue.

C'est le dernier souvenir de la monarchie française que le promeneur puisse évoquer à Versailles.

*
* *

Dans cette promenade, un peu décousue, j'ai été des souvenirs historiques aux chefs-d'œuvre pour revenir des chefs-d'œuvre aux souvenirs historiques. Car c'est tout justement le délice de Versailles que les yeux et l'imagination y trouvent des jouissances pareilles. Ce palais et ces jardins, silencieux et déserts, sont encore le plus vivant de nos musées. Ici, les statues de Coyzevox, de Coustou, de Girardon, les peintures de Lemoine, de Nattier, de Vigée-Lebrun ne se morfondent pas dans l'atmosphère sépulcrale d'un dépôt public; elles sont restées au lieu même où elles furent jadis placées pour le plaisir ou la gloire de ceux qui les avaient commandées. Les ombres des rois, des reines, des princesses et des favorites surgissent de toutes parts à l'appel des statues chancelantes et moussues; et les statues chancelantes et moussues semblent rajeunies au milieu de tous ces revenants glorieux.

* * *

La beauté de Versailles a fait, durant deux siècles, l'orgueil de la France et l'envie de l'Europe.

On a partout pastiché Versailles, son château, son jardin et ses pièces d'eau, en Russie, en Italie, en Espagne, et surtout en Allemagne. Dans toutes les cours allemandes du dix-huitième siècle, on a pratiqué avec fanatisme la religion de Louis XIV, et les châteaux des petits princes germaniques sont comme des chapelles construites à l'image du temple suprême : Versailles. L'obsession de Versailles, on la retrouve, en Hesse, en Bavière, en Saxe, à Potsdam, à Schœnbrunn. Jusqu'en ce siècle-ci, Louis XIV a eu ses adorateurs, Versailles a eu ses dévots. Le dernier de tous fut Louis II de Bavière.

Il a satisfait sa passion « louis-quatorzienne » en édifiant un nouveau Versailles dans une île, au milieu d'un lac bavarois, le Chiemsee. Il voulait suivre les plans primitifs du palais français et reconstituer dans l'œuvre de Louis XIV tout ce qui était demeuré inachevé, tout ce qui avait été plus tard dénaturé.

La mort a interrompu ce projet grandiose. Seule, la façade centrale est terminée. Le gros œuvre de l'aile du Nord est achevé ; mais les charpentes et les briques attendent encore leur revêtement de plâtre. Quant à l'aile du Sud, les fondations en sont à peine indiquées. Lorsqu'au sortir d'un petit bois on débouche soudain en face du Herrenchiemsee, le spectacle de ce palais manchot cause une première impression de surprise.

Mais l'étonnement redouble en face des grands bassins entourés de figures allégoriques en zinc doré, « richement doré », affirme le guide, et dans ce piteux décor on pense tristement aux bronzes superbes de Coyzevox et de Regnaudin ! Plus loin, au bas de la terrasse, un faux bassin de Latone ; puis un tapis vert ; puis un canal ; puis, émergeant de la brume, les Alpes couvertes de neige, servant de fond à cet à peu près de parc français où des treillages garnis de vigne vierge remplacent les classiques charmilles.

Dans le palais, c'est un mélange extraordinaire de richesse et de puérilité ; il y a du marbre et du carton-pâte, de l'argent et du zinc, des brocarts et des trompe-l'œil. Dans la salle du Conseil, toutes les fois que l'heure sonne à l'horloge, une mécanique fait passer devant le cadran un Louis XIV majestueux qui reçoit les révérences de ses courtisans. Dans la galerie des Glaces, — d'où l'on a une admirable vue sur les Alpes, — une armée d' « illustres professeurs » a glorifié Louis XIV. O Le Brun ! Et on nous montre une étonnante salle de bains en rotonde, où des « professeurs » émoustillés ont représenté des ébats de nymphes. Ces fresques, dit-on, déplaisaient à Louis II qui les faisait couvrir d'un voile quand il se baignait... car le roi de Bavière a souvent résidé dans ce château saugrenu.

Cette pieuse caricature de Versailles fait sourire. Mais, malgré tout, nous ne pouvons pas ne pas être touchés de cet hommage rendu au génie français par le dernier des princes romantiques de l'Allemagne.

*
* *

En France, notre romantisme a été moins respectueux des chefs-d'œuvre de l'art classique. Depuis un siècle, nous n'avons pas toujours traité Versailles avec la piété qu'il eût fallu.

La Révolution mit en vente le mobilier du château, qui fut ainsi dispersé à travers toute l'Europe. C'est un grand malheur. Mais, vraiment, on ne pouvait pas demander au gouvernement de 1796 d'avoir la superstition des souvenirs de la monarchie. La République avait des dettes ; elle se défit du mobilier de Versailles.

Mais, pendant la période révolutionnaire, on ne toucha pas au château. Cela, du moins, mérite notre gratitude.

Sous le Directoire, on utilisa le palais de Versailles : on y voulut assurer une retraite aux vieux militaires et y créer une sorte de musée (fort incohérent) de l'art français. Chateaubriaud approuva cette désaffectation de la vieille demeure de la monarchie.

« Quand le temps, dit-il, dans le *Génie du christianisme*, a porté un coup aux empires, quelque grand nom s'attache à leurs débris et les couvre. Si la noble misère du guerrier succède aujourd'hui dans Versailles à la magnificence des cours, si des tableaux de miracles et de martyrs y remplacent de profanes peintures, pourquoi l'ombre de Louis XIV s'en offenserait-elle ? Il rendit illustres la religion, les arts et l'armée : il est beau que les ruines de son palais servent d'abri aux ruines de l'armée, des arts et de la religion. »

Napoléon Ier et Louis XVIII firent le projet d'habiter Versailles, mais n'y donnèrent pas suite.

Ce fut, enfin, Louis-Philippe qui décida de transformer le château de Versailles en un grand musée consacré « à toutes les gloires de la France ». Très belle et très généreuse pensée. Malheureusement, pour la réaliser, Louis-Philippe saccagea le vieux palais. Ce fut lui qui plaça dans la cour ces statues gigantesques qui sont hors de proportion avec les bâtiments voisins. Ce fut lui qui abaissa le niveau de la cour de

Marbre et détruisit l'harmonie des exquises façades de LeVau. Ce fut lui qui, partout, arracha de précieuses boiseries pour placer sur les murailles ses files de généraux, de maréchaux et d'amiraux, qui rogna certaines toiles et en agrandit d'autres pour arriver à faire des panneaux symétriques et qui mélangea d'affreuses copies et de superbes originaux. Son zèle s'étendit même aux parties du château qui ne devaient point servir de musée. Il fit peindre l'admirable théâtre de Gabriel, cette salle de spectacle unique au monde; et au décor gris et or d'autrefois il substitua un épouvantable décor rouge, d'un rouge faux, d'un rouge vineux, d'un rouge Louis-Philippe, pour tout dire d'un mot... Mais la liste des méfaits du roi Louis-Philippe serait interminable.

Avouons cependant que l'opinion publique fut la complice du roi. On était au lendemain de 1830 en pleine effervescence romantique. La mode était de plaisanter les perruques et les classiques. On venait de découvrir le moyen âge. On consentait encore à célébrer les élégances et les audaces de la Renaissance. Mais le dix-septième siècle était un objet de dédain. On lui faisait payer cher le mépris où il avait tenu les vieilles cathédrales gothiques. C'était le temps où Auguste Vacquerie écrivait sur Jean Racine d'immortelles inepties. On se souciait bien alors des architectures de Le Vau et des sculptures de Caffieri ! Le parc de Versailles? On sait comment Alfred de Musset, qui pourtant n'était pas un romantique bien terrible, — surtout en 1849, — parlait de « ces lieux où l'ennui repose ».

Les temps sont changés. La fumée de la bataille romantique est depuis longtemps tombée. Nous conservons une grande reconnaissance aux historiens comme Michelet, aux poètes comme Victor Hugo, aux artistes comme Viollet-le-Duc, qui ont remis en honneur les grands monuments du vieil art français. Nous avons même plus d'une fois partagé les véhémentes colères de Courajod maudissant l'influence italienne, qui, au seizième siècle, détourna l'art français de sa tradition nationale. Mais nous nous sommes aussi aperçus que cet art — corrompu, dévoyé j'y consens — n'en a pas moins produit, au dix-septième siècle, des chefs-d'œuvre qui ont porté au plus haut point la gloire du nom français, et que le chef-d'œuvre des chefs-d'œuvre, c'est Versailles.

Alors, comme le palais, les bassins et les colonnades menaçaient ruine, on a compris qu'il était temps de les sauver. On a donc appelé les architectes, et les architectes, hélas ! se sont mis à restaurer.

Je n'ai pas le temps de vous entretenir des restaurations de Versailles. Il y a deux ans, quelques personnes — j'étais du nombre — se sont émues de certaines fantaisies de l'architecte chargé de restaurer Versailles, et ont crié très haut leur indignation. Depuis lors, il semble que le zèle des restaurateurs se soit un peu ralenti, et qu'on ait renoncé à réédifier des monuments dont aujourd'hui il ne reste plus une seule pierre. Mais on a continué de racler, ravaler et maquiller les façades. Elles ébahiront, par leur fraîcheur, les visiteurs de 1900.

*
* *

D'ailleurs, nous pouvons laisser faire les architectes : ils n'enlèveront pas à Versailles le plus précieux de son charme, cette belle et douce lumière qui enveloppe les parterres, les statues et les arbres, et flotte sur les sublimes perspectives des bois et des campagnes. Car les horizons de Versailles sont incomparables, soit que, le dos tourné au palais, on regarde le canal étinceler sous le soleil, puis fuir dans la brume; soit que, de la terrasse de l'Orangerie, on contemple l'amphithéâtre que forme, par delà la pièce d'eau des Suisses, le bois de Satory à la lisière duquel se détache une vieille statue solitaire.

Ici, chaque saison a son charme propre. Selon la couleur du ciel, le thème de la rêverie se varie à l'infini.

En été, il semble que toutes ces vieilles choses reprennent de l'accent et de la vie. Sous les frais arceaux des grandes allées de Le Nôtre, on s'imagine que, là-bas, dans le soleil, vont tout à coup déboucher de beaux carrosses rouges et dorés traînés par de beaux chevaux blancs, comme les peignait Van der Meulen. Et les vieux Termes, réchauffés par la canicule, contemplent avec indulgence les petits Versaillais et les petites Versaillaises qui jouent au cerceau...

Mais l'heure qui convient le mieux à la beauté royale et mélancolique de Versailles, c'est le déclin d'un beau jour d'octobre. M. Henri de Régnier a exprimé, d'une façon exquise, cette séduction particulière : « On vit là des heures éternelles. Quand l'automne redore ses feuillages à l'or des soleils couchants, on sent, dans le labyrinthe coquet des allées ou sur l'herbe des boulingrins, qu'on marche à côté d'une ombre invisible. Les blanches statues sourient encore de l'avoir vue passer; des ramiers roucoulent dans les vieux arbres. Les eaux et les feuillages stagnent et se fascinent de l'accord de leur double mélancolie. »

Et il ne faut point non plus dédaigner le Versailles d'hiver. Par une brumeuse journée de décembre que le parc est beau! La monotonie des grands massifs dénudés est rompue ici par une charmille qui a conservé ses feuilles roussies, là par l'impérissable verdure des ifs, des sapins et des houx. Les allées désertes s'enfoncent dans une vapeur légère. Les statues apparaissent à travers le brouillard comme des fantômes. La patine des bronzes a coulé sur les marbres verdis. Les pierres humides sont jaunes comme de l'ivoire. Un silence solennel règne sur les bosquets endormis. Dans cette solitude, les seuls êtres vivants que rencontre le fidèle amant de Versailles, ce sont le jardinier qui pousse sa brouette pleine de feuilles rouillées, et le vieux colonel retraité, qui, au mépris de ses rhumatismes, n'a pas voulu manquer sa promenade quotidienne...

Et alors rien ne saurait rendre l'impression de mystère et de grandeur que donne la façade du château, lorsque, remontant l'escalier de Latone, on la voit, triste comme une ruine, se dessiner lentement dans la brume de l'hiver et des siècles...

FIN

PARIS
IMPRIMERIE DE D. DUMOULIN
5, RUE DES GRANDS-AUGUSTINS, 5

www.ingramcontent.com/pod-product-compliance
Ingram Content Group UK Ltd.
Pitfield, Milton Keynes, MK11 3LW, UK
UKHW021533260726
13993UKWH00004B/1963

9 782019 949174